Der Garten
Dünger und Kompost

Der Garten

Dünger und Kompost

Ute York

Pawlak

© 1992 Manfred Pawlak Verlagsgesellschaft mbH,
Herrsching
Alle Rechte vorbehalten
Wissenschaftliche Beratung: Dr. Günther Heubl, München
Fotoredaktion: W. Heubl, München
Gestaltung und Zeichnungen:
Uschi Müller und Sabine Hofmaier, München
Umschlaggestaltung: Bine Cordes, Weyarn
Umschlagfoto: Bildarchiv Sammer, Neuenkirchen
Printed in Italy
ISBN 3-88199-944-2

INHALT

GANZ SCHÖN
LAUNISCH, DIESE
PFLANZEN!

Nicht mal Pflanzen können nur von Luft und Liebe leben, wenn auch beides zugegebenermaßen wichtige Voraussetzungen für ihr Gedeihen sind. Sie brauchen allesamt noch mehr: Wasser, Sonnenlicht und einen Boden, der ihnen mehr als ein Dutzend Nährstoffe zur Verfügung stellt: So vor allem die drei Hauptnährstoffe Stickstoff, Phosphor, Kali und noch diverse andere Zweitnährstoffe bzw. Spurenelemente. Gut, könnte man nun sagen. Das läßt sich doch schaffen.

Unsere Pflanzen sollen bekommen, was sie zum Gedeihen brauchen

Sie bekommen guten Boden, reichlich Licht und Wasser und einen erstklassigen Dünger, in dem alle diese Nährstoffe enthalten sind. Und schon haben wir den schönsten Garten weit und breit. Doch so einfach ist das nicht, leider. Jede Pflanze braucht tatsächlich alles, aber in unterschiedlicher Menge und Zusammensetzung. Manche lieben die pralle Sonne, andere können nur im Halbschatten oder Schatten überleben.

Einige sind wahre Säufer, andere gehen geradezu knauserig mit ihrem Wasservorrat um. Und ganz verzwickt wird es beim Boden. Der Boden, auf dem alle Pflanzen gedeihen, den gibt es leider nicht. So wie wir Menschen unterschiedliche Ernährungsgewohnheiten haben, die meist von der Gegend geprägt sind, aus der wir stammen, so haben auch die Pflanzen ganz präzise Vorstellungen von ihrem Ambiente: Saueren Boden, bitteschön, verlangen etwa die Rhododendren. Schließlich stammen sie aus den Waldgebieten des Himalaya und sind daran gewöhnt. Kalkreich bitte, fordern die Rosen. In ihrer asiatischen Heimat war das schließlich auch so.

Ähnlich wählerisch sind die Pflanzen auch, wenn es um ihren Speiseplan geht. Einige – zum Beispiel die Sonnenblumen –, verschlingen an Nährstoffen alles, was ihnen unter die Wurzeln kommt. Andere sind überaus genügsam oder selektiv wie Feinschmecker. Manche sind versessen auf Eisen. Andere wollen lieber mehr Kali, Stickstoff oder Magnesium. Manche lieben eine warme gemütliche Mulchdecke. Andere schlafen lieber hart und unbedeckt.

Das alles sollte man wissen. Denn die launischen Grünen, die wir mit so viel Liebe und Hoffnung gepflanzt haben, reagieren überaus empfindlich, wenn man ihre Wünsche mißachtet: beleidigt – manchmal sogar tödlich verletzt – werfen sie ihr Laub- und Blütenkleid ab oder ziehen sich in die Erde zurück.

Da wir Menschen aber ohne Pflanzen nun mal nicht leben können, bemühen wir uns seit Jahrtausenden, ihren Aufenthalt in unserem Garten möglichst angenehm zu gestalten. Dabei passieren uns natürlich immer wieder Fehler. So glaubte man eine Zeitlang voller Euphorie, den Schlüssel zum Pflanzenparadies gefunden zu haben: Kunstdünger und Pflanzenschutzmittel, sog. Pestizide, galten als dèr sicherste Weg zu möglichst großem Ertrag bei möglichst geringem Aufwand. Nun, gut 100 Jahre nach der Erfindung des Chemiedüngers, liegt das Ergebnis vor: Riesige Blumen, die nicht duften, Äpfel und Tomaten, die nach nichts mehr schmecken. Schadstoffe und Schwermetalle überall im Boden, teilweise auch im Trinkwasser, und Schädlinge, die gegen nahezu alles resistent sind. Nun dämmert uns, daß der rasche Weg zum Erfolg doch nicht der ganz richtige war. Und so besinnen wir uns, ein wenig reuevoll, wieder auf die alten Methoden. Wir schenken dem Boden mehr Aufmerksamkeit. Wir bemühen uns, so behutsam und naturgemäß zu düngen wie nur möglich. Und siehe da: Das Ergebnis kann sich nicht nur sehen, sondern auch riechen und schmecken lassen.

Freilich, ein bißchen mühsam ist es schon, all das wieder von der Pike auf lernen zu müssen, was unsere Vorfahren noch im Gespür hatten. Aber wenn man erst mal damit angefangen hat, dann sind selbst so trockene Themen wie Dünger, Kompost- und biologischer Pflanzenschutz, richtig spannend. Das glauben Sie nicht? Dann erzählen Sie auf der nächsten Party, wie Sie in wenigen Wochen erstklassigen Kompost gezaubert haben. Sie werden sehen: alle Hobbygärtner hängen an Ihren Lippen!

13

Das Kreuz mit dem Boden

Ein guter Boden ist für jeden Gärtner das A und O. Leider sind die Böden von sich aus fast immer Oh!

Nur die wenigsten Gartenbesitzer haben das Glück, ohne ihr Zutun einen fruchtbaren, ausgewogenen Boden vorzufinden. Die allermeisten sitzen mit ihrem gärtnerischen Ehrgeiz erst mal auf einem Stück Land, wo von sich aus bestenfalls Unkraut wächst (welches übrigens heute nicht mehr so heißt, neuerdings wird es als "Wildkräuter" bezeichnet). Auch der Boden wird natürlich nicht einfach als miserabel klassifiziert. Im offiziellen Sprachgebrauch leidet er an einer "einseitigen Kornzusammensetzung, Verdichtungsprozessen, reduziertem Porenvolumen und einem geringen Humusertrag. "Das kommt aber unter dem Strich auf das gleiche hinaus.

Drei Punkte sind es, mit denen die Gartenbesitzer hauptsächlich zu kämpfen haben:

1. Der Boden ist *zu leicht oder zu schwer.*
2. Der Boden ist *zu sauer oder zu kalkhaltig.*
3. Der Boden hat nur eine *dünne, ärmliche Humusschicht.*

Gegen alle drei Probleme kann man etwas unternehmen. Aber zunächst muß man natürlich herausfinden, was dem Boden fehlt.

Zu schwer, zu leicht oder gerade richtig: Bodenproblem Nr. I

Sandboden
Wenn Ihnen Ihre Gartenerde sanft durch die Finger rieselt, handelt es sich dabei aller Wahrscheinlichkeit nach um Sandboden. Böden mit einem hohen Sandanteil haben einen großen Vorteil: Sie sind kinderleicht zu bearbeiten. Es macht Ihnen keinerlei Mühe, die Pflanzen in den Boden zu setzen. Ihre Pflanzen haben nicht die geringsten Schwierigkeiten, mit ihren Wurzeln das Erdreich zu durchdringen. Aber leider gibt es auch einen erheblichen Nachteil. Böden mit einem hohen Sandanteil halten weder Feuchtigkeit noch Nährstoffe. Das Regenwasser rinnt einfach durch sie hindurch und laugt die im Boden enthaltenen Nährstoffe aus. Und bei kräftigen Regenfällen läuft Ihnen das bißchen Humus, das Sie obendrauf haben, im wahrsten

Sinne des Wortes davon. Folge: Ihre Pflanzen leiden sehr rasch an Hunger und Durst, und das geben sie Ihnen auch deutlich zu erkennen. Also müssen Sie schleunigst etwas tun, um die leichte Erde und damit auch die Laune Ihrer Pflanzen zu verbessern.

Heute gibt es eine ganze Reihe von sogenannten Bodenverbesserern, sowohl organische als auch synthetische. Organisch heißt: Sie stammen aus der Natur. Synthetisch bedeutet: Sie kommen aus der Chemie. So haben die Chemiker zum Beispiel zur Verbesserung von Sandböden Schaumstoff-Flocken erfunden, die in den Boden eingearbeitet werden – bei Windstille, damit sie Ihrem Nachbarn nicht wie ein Schneesturm auf die Terrasse rieseln. Diese Flocken sollen die Struktur des Sandbodens ganz erheblich verbessern. Aber wer möchte schon Kunststoff-Flocken unter seinen Tulpen, Gurken und Tomaten haben? Viel natürlicher und mindestens genauso wirkungsvoll ist Tonmehl. Das ist ein Steinmehl, das zu einem großen Teil aus Tonmineralien besteht. Ein Tonmineral ist winzig klein, nur ein Tausendstel so klein wie ein Sandkorn, aber unglaublich quellfähig. Es besteht aus verschiedenen Schichten, zwischen denen Wasser und Nährstoffe deponiert und auf Wunsch von den Pflanzen abgerufen werden können. Dieses Tonmehl sollten Sie, quasi als Erste Hilfe, auf Ihren Sandboden streuen und leicht einarbeiten. Darüber hinaus

---

Erste Hilfe für Sandböden

• *Tonmehl (pro Jahr 10 kg für 35 qm Gartenboden)*
• *Kompost (wenn Sie noch keinen eigenen haben, tut es vorläufig ein Dauerhumuskonzentrat)*
• *Mulchdecke (vorläufig noch aus dem Gartencenter, zum Beispiel Rindenhumus)*

---

benötigt Ihr Sandboden noch dringend Kompost, damit die unterirdischen Bodenarbeiter, die dort den Humus produzieren, genügend "Rohstoffe" bekommen, und für den Winter auf jeden Fall eine Mulchdecke. Torf speichert die Feuchtigkeit und wäre deswegen auch gut zum Mulchen geeignet, vor allem, wenn er

Oft kann man schon mit bloßem Auge feststellen, ob der Boden überwiegend aus leichtem Sand, schwerem Ton, nährstoffarmem Torf oder - mit Glück - aus nährstoffreichem Lehm besteht. Guter Kompost läßt sich sogar am Geruch erkennen: Er duftet nach Walderde Manche Pflanzen gedeihen nur in spezieller Erde: Spargel beispielsweise braucht Sandboden.

18

vor der Verwendung kompostiert (damit er besser abgebaut werden kann) und mit Dünger angereichert wurde. Aber um die Moorgebiete zu schonen, sollten wir auf von Torf möglichst verzichten und stattdessen Rindenmulch verwenden.

Tonböden

Wenn Sie aus Ihrer Gartenerde feste, kalte Klumpen formen können, wenn nach jedem Regenguß der Boden völlig verschlämmt ist und neu gehackt werden muß, wenn der Boden sich kalt und hart anfühlt, dann handelt es sich mit einiger Sicherheit um einen Tonboden. Weder Wasser noch Luft kommen hier durch, und auch die Wurzeln der Pflanzen tun sich unendlich schwer, obgleich die Erde im Grunde fruchtbar und nährstoffreich ist: Sie kommen einfach nicht an die Nährstoffe heran.

Ein Tonboden ist so ziemlich das genaue Gegenteil vom leichten Sandboden. Dort fehlt es an Tonmineralien, hier sind sie im Übermaß enthalten. Einen Tonboden zu ver-

bessern, bedeutet eine Menge Arbeit. Sand muß zur Lokkerung in den Boden eingearbeitet werden, häufig auch Kalk. Außerdem braucht der Boden auch noch Humus in Form von Kompost, Mulchen und Gründüngung. Besonders hilfreich ist eine Flächenkompostierung mit Herbstlaub. All das erfordert viel Zeit. Wenn Sie die nicht haben: Die folgenden Schnellmaßnahmen bringen auch schon etwas.

Erste Hilfe für schwere Tonböden

• *Sand von der Körnung 0/3 aus dem Baumarkt untermischen;*
• *in vielen Fällen fehlt es an Kalk. Falls das auch bei Ihrem Boden zutrifft (das kann man durch einen Bodentest selbst kinderleicht feststellen), Kalk geben: Ziel: Ein pH-Wert von 6,5 – 7,0;*
• *Humusanreicherung durch Dauerkompost aus dem Gartengeschäft*

Lehmboden

Lehmböden bestehen im Idealfall zu etwa gleichen Teilen aus Sand und Ton. Wenn Sie das Glück haben, einen solchen humusreichen Boden vorzufinden – das merken Sie

tigen Mineralien und Spurenelementen und sorgen für kräftige, gesunde Pflanzen. Leider bestehen Lehmböden jedoch nur im (seltenen) Idealfall zu gleichen Teilen aus Sand und Ton. Meist sind sie zu schwer oder zu leicht und müssen deshalb entsprechend verbessert werden. Sind sie zu leicht, helfen Tonminerale, sind sie zu schwer, brauchen sie Sand.

am ehesten daran, daß er sich locker und krümelig anfühlt und gut riecht – erspart Ihnen das eine Menge Arbeit. Denn solche Böden enthalten meist genügend Kalk und schaffen es von ganz allein, Wasser, Nährstoffe und Wärme zu speichern. Sie brauchen sich nur darum zu kümmern, die Nährstoffe, die die Pflanzen dem Boden entziehen, wieder zu ergänzen. Das geschieht am besten durch reichliche Gaben von Kompost und durch Mulchen. Wenn Sie dem Boden darüber hinaus noch etwas Gutes tun wollen: Regelmäßige Gaben von Urgesteinsmehl (etwa 100 g pro Quadratmeter und Jahr) versorgen ihn mit allen wich-

Was Ihr Unkraut über Ihren Boden verrät

Unkraut	Kalkboden	Sandboden	Lehmboden	Humus	nährstoffreich	nährstoffarm	feucht	trocken
Ackerveilchen		■						
Beinwell	■						■	
Brennessel				■	■		■	
Franzosenkraut					■			
Gänsedistel			■		■			
Huflattich	■		■				■	
Löwenzahn			■		■			
Vogelmiere					■		■	
Wegwarte	■							■
Wiesensalbei	■							■

Am Unkraut kann man oft die Bodenbeschaffenheit ablesen: Ackerveilchen (oben) gedeiht auf Sandboden, Franzosenkraut (oben Mitte) und Brennessel (rechts) wachsen am besten in nährstoffreicher, humöser Erde. Löwenzahn (rechts oben), Huflattich (unten Mitte) und Wegwarte (unten rechts) sind ein Hinweis auf nährstoffreichen Lehmboden

22

23

Wenn der Boden sauer ist: Bodenproblem Nr. 2

Damit es Ihren Pflanzen gut geht, darf der Boden weder zu sauer noch zu kalkhaltig (alkalisch) sein. Ist er zu sauer, sterben fast alle wichtigen Bodenbakterien ab. Die Nährstoffe für die Pflanzen werden nicht mehr umgesetzt, und die Pflanzen gehen ein. Außerdem lösen sich in saurem Bodenmilieu Schwermetalle (Blei, Cadmium etc.) und andere umweltschädliche Stoffe (Herbizide, Fungizide etc.) meist wesentlich besser und gelangen auf diesem Weg ins Grundwasser. Natürlich gibt es auch hier wieder ein paar Ausnahmen, Rhododendren und Azaleen zum Beispiel lieben sauren Boden und gedeihen dort – und nur dort – ganz hervorragend!

Andererseits schadet es auch, wenn der Boden zuviel Kalk enthält. Eine alte Bauernregel sagt: Kalk macht reiche Väter und arme Söhne. Das heißt im Klartext: der Anfangserfolg ist beachtlich, die Pflanzen gedeihen zunächst prächtig. Doch langfristig sind die Veränderungen durch eine Überdosis Kalk nur schwer wieder rückgängig zu machen.

pH-Test

Um festzustellen, ob der eigene Boden nun zu sauer oder zu alkalisch ist, müssen Sie seinen ph-Wert, also den Säuregehalt, herausfinden. Dafür gibt es zwei Möglichkeiten.

1. Sie können Ihren Boden von Profis testen lassen. Das geht so:
Stechen Sie mit Ihrem Spaten an verschiedenen Stellen Ihres Gartens 20–30 cm tief in die Erde, kratzen Sie etwas Erde vom Rand ab und sammeln Sie sie in einem Eimer. Vermischen Sie die verschie-

---

> **TIP**
> *Eine milde, gesunde und garantiert unschädliche Dosis Kalk können Sie Ihrem Garten zukommen lassen, wenn Sie zerkleinerte Eierschalen unter die Erde mischen. Eierschalen enthalten Calcium und darüber hinaus noch Proteine und gewisse Enzyme, die einen günstigen Einfluß auf die Bodenorganismen haben, damit zur Lockerung des Bodens beitragen und letztlich auch den Pflanzen gut tun.*

denen Erdproben miteinander, lassen Sie sie bei Zimmertemperatur trocknen. Ist die Erde trocken, so packen Sie etwa ein Pfund davon in eine Plastiktüte und schicken Sie an das nächstgelegene Institut für Bodenanalytik (meist in der Landeshauptstadt). Natürlich sollten Sie keine Proben von einem frisch gedüng-

---

TIP

Die beste Zeit für solche Tests ist der Spätherbst. Dann bekommen Sie schnell das Ergebnis, weil bei den Instituten weniger Andrang herrscht, und Sie haben genügend Zeit, bis zur nächsten Pflanzsaison die notwenigen Reparaturen durchzuführen.

---

ten und/oder gekalkten Boden anfertigen lassen. Das Institut wird Ihnen im Testbericht den pH-Wert Ihres Bodens mitteilen, bei entsprechendem Auftrag auch die Bodenart und den Gehalt an Phosphat und Kalium bestimmen. Gegen einen Aufpreis erfährt man auch noch den Gehalt an Stickstoff, Humus, Salz und Magnesium. Das ist die Grunduntersuchung.

2. Sie können Ihren Bodentest selbst durchführen.

Da gibt es verschiedene Methoden, die unterschiedlich genau, unterschiedlich kompliziert und unterschiedlich teuer sind. Kinderleicht in der Durchführung und für den normalen Gebrauch ausreichend genau sind Do-it-yourself-Tests aus den Gartengeschäften. Sie basieren auf Verfärbungs- bzw. Trübungsreaktionen und sind "idiotensicher". Man braucht seinen Bodenwert nur an einer entsprechenden Farbskala abzulesen. Die beigefügten Merkblätter enthalten Düngeempfehlungen für jeden Wert.

3. So funktioniert der pH-Test:
Man gibt ein wenig Erde in ein (beigefügtes) Reagenzglas, fügt eine Calcitest-Tablette und destilliertes Wasser (das Sie auch für Ihr Bügeleisen oder die Autobatterie verwenden) hinzu, verschließt das Röhrchen und schüttelt. Die Tablette löst sich auf. Wenn sich der Boden abgesetzt hat, kann man den Farbton mit einer Farbskala vergleichen und den Säurewert des Bodens ablesen. Die Skala geht von 3-10).

25

Mit Test-Sets aus dem Fachhandel
können Sie in wenigen Minuten den
pH-Wert Ihres Bodens ermitteln und
anhand einer Farbskala läßt sich
ablesen, ob der Boden zu sauer ist
und gegebenenfalls Kalk benötigt.

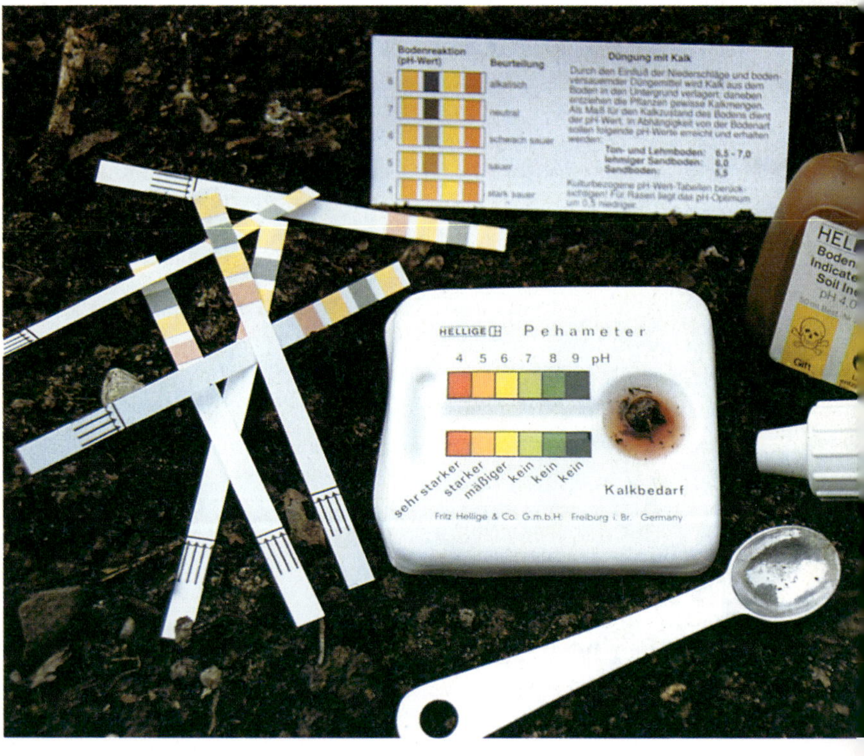

Rhododendren gehören zu den
Pflanzen, die nur in saurer Erde
überleben können.

27

pH-Wert über 7: alkalisch (basisch)
pH-Wert 7: neutral
pH-Wert 6-7: schwach sauer
pH-Wert 5-6: mäßig sauer
pH-Wert 4-5: stark sauer

Der Idealbereich, d.h. ein optimales Bodenmilieu für die Mikroorganismen – und für die Pflanzen – liegt im pH-Bereich zwischen 5,5 und 7,0, also im mäßig sauren bis neutralen Bereich.

Wenn der pH-Wert nicht zu niedrig (d.h. der Boden zu sauer) ist, fehlt es am Kalk, und Sie müssen den Boden mit einem entsprechenden Düngekalk "aufkalken". Und

---

TIP

Die meisten Zimmerpflanzen freuen sich über eine kleine Sonderration Kalk: Legen Sie Eierschalen in ein Gefäß mit Wasser, machen Sie den Deckel zu und schütteln ein wenig, um das Eiweiß herauszuspülen. Lassen Sie es über Nacht stehen. Am nächsten Morgen werfen Sie die Eierschalen in den Kompost und gießen mit dem Wasser Ihre Pflanzen.

---

auch wenn er stimmt, sollten Sie trotzdem von Zeit zu Zeit mal den Kalkgehalt überprüfen. Zum einen fressen die Pflanzen einiges weg. Und zum anderen sackt immer ein Teil in untere Bodenschichten ab, wo er den unterirdischen Mikroorganismen dann nicht mehr zur Verfügung steht. Daß der pH-Wert zu hoch ist, kommt im unbearbeiteten Garten eher selten vor.

Humus – woher nehmen? Bodenproblem Nr. 3

Humus, fruchtbar, krümelig, locker und nach Walderde duftend – das ist für jeden Gärtner (und natürlich erst recht für fast jede Pflanze) der Stoff, aus dem die Träume sind.

Nur 10–30 cm dick ist diese kostbare Schicht, von der wir alle leben. Ein weitverbreiteter Glaube ist, daß der Humus von Pflanzen als Nährstoff benötigt wird. Das stimmt aber nicht. Humus ist lediglich Lieferant und Vermittler von Nährstoffen. In dieser Beziehung ist er allerdings absolut unersetzlich. Der Mensch kann nämlich Humus selbst nicht herstellen. Er kann nur die Bedingungen dafür günstig gestalten, daß die Milliarden unterirdischen Bewohner, die für die Humusproduktion zuständig sind, optimale Arbeitsbedingungen haben und sich in ihrer Umgebung wohlfühlen. Mit dem bloßen Auge kann man nur die wenigsten dieser unermüdlichen Arbeiter erkennen, die durch ihren Einsatz abgestorbene Pflanzen und Kleintiere zersetzen und daraus neue Nahrung herstellen. Bakterien sind es und Algen, auch Pilze, ebenso Geißel-, Wimper- und Glokkentierchen, von denen keines ohne Mikroskop zu erkennen ist. Aber auch die sichtbaren Vertreter – Würmer, Asseln, Schnecken, Regenwürmer – die wir meist so wenig lieben, sind ständig damit beschäftigt, organische Abfälle in kostbaren Humus

zu verwandeln. Leicht Zersetzliches wird zu Nährhumus, aus dem Nährstoffe wie Stickstoff, Phosphor und Kali freigesetzt werden, die den Pflanzen als Nahrung dienen. Schwer Zersetzliches wird in einem längerdauernden Prozeß zu Dauerhumus umgebildet, der dem fruchtbaren Boden eine dunkelbraune Farbe gibt und dafür zuständig ist, daß Wasser und Nährstoffe im Boden verfügbar sind und nicht ungenutzt ins Grundwasser abfließen. Außerdem sorgt Dauerhumus auch für eine gute Durchlüftung des Bodens.

Die Humus-Fabrik unter der Erde

Unvorstellbar, mit welcher Präzision unter der Erde gearbeitet wird: Die "Unterirdischen" sind in mehreren Etagen beschäftigt. Unter der obersten Decke aus Laub, Gras oder Mulch arbeitet die erste "Schicht", die Bodentierchen, die fürs Grobe zuständig sind. Sie zerkleinern alles, was ihnen (sozusagen) zwischen die Zähne kommt: Blätter, Gras, verwelkte Blumen, tote Tierchen etc. Sie fühlen sich nur ganz oben

29

In jeder Handvoll Erde sind
ein paar Milliarden unterirdischer
Arbeiter damit beschäftigt,
abgestorbene Pflanzen und Kleintiere in Humus zu verwandeln.
Nur die wenigsten sind mit dem
bloßen Auge zu erkennen.

Asseln und Regenwürmer (oben)
gehören zum sichtbaren
Bodenpersonal. Je mehr Humus,
desto besser die Erde und das
Wachstum der Pflanzen (rechts).

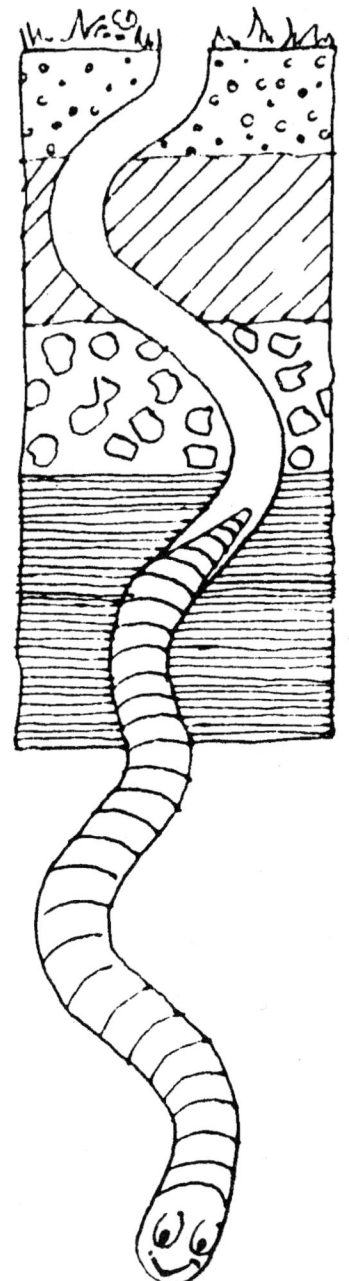

wohl, in etwas 5 cm "Tiefe", wo sie Sauerstoff, Wärme und Feuchtigkeit vorfinden. In der Region 10–30 cm Tiefe arbeitet das nächste Team: Eine ganz andere Art von Mikroorganismen, Pilze und Algen, ist damit beschäftigt, aus den zerkleinerten Substanzen Nährlösungen für die Wurzeln der Pflanzen herzustellen. Hier ist die eigentliche Humusfabrik. Hier können wir immer für Nachschub sorgen, damit unsere "Unterirdischen" genug Nahrung vorfinden. Besonders nützlich: Mulchen mit Laub, Gras, vorkompostierten Pflanzen, Mist etc. Und wir können dafür sorgen, daß sie möglichst optimale Arbeitsbedingungen antreffen: Wenn es ihnen am Arbeitsplatz nämlich zu kalt zu trocken und zu unruhig ist, streiken sie. Ruhe ist oberste Mikro-Pflicht! Wer das verstanden hat, wird einsehen, wie unklug es ist, die "Unterirdischen" bei ihrer Arbeit dadurch zu stören, daß man sie – etwa durch Umgraben – von unten nach oben schleudert, wo sie ohnehin zum größten Teil umkommen, weil sie ibei den dort herrschenden Bedingungen nicht existieren können. Verantwortungsbewußte Gärtner, die mit der Natur arbeiten, nicht gegen sie, begnügen sich damit, den Boden nur vorsichtig mit der Grabegabel zu lockern und zu durchlüften, damit das natürliche Bodenleben möglichst wenig gestört wird.

Was der Humus alles kann

Es gibt zwei Arten von Humus:
• Nährhumus: Das ist das, was die Bodenorganismen, die unterirdischen Arbeiter, sehr schnell abbauen und zum größten Teil selbst verwerten.
• Dauerhumus. Er entsteht als nächstes Produkt aus dem Nährhumus. Die Huminstoffe sind für die Verbesserung der Bodenfruchtbarkeit verantwortlich.

Humusstoffe verbessern die Bodenstruktur, indem sie den Boden gut durchlüften. Sie bewirken eine Krümelstruktur, schaffen größere Poren für den Boden und dadurch eine bessere Durchlüftung und Sauerstoffzufuhr.
Sie verbessern die Wasserspeicherung. Sie bewirken durch ihre dunkle Farbe, daß die Bodentemperatur höher ist, weil die Sonnenwärme besser gespeichert wird.
Sie können an ihrer Oberfläche Nährstoffe anlagern und längere Zeit speichern.
Einige Nährstoffe können sie auch selbst liefern, doch dieser Punkt ist von untergeordneter Bedeutung. Vom Humus allein werden Pflanzen nicht satt.
Ein gesunder, humusreicher Boden ist die Voraussetzung für gesunde Pflanzen. Damit es ihnen in Ihrem Garten gut geht, sollten Sie ihnen jedes Jahr eine neue Schicht von diesem Superstoff zur Verfügung stellen: 10 cm Humus, im Garten verteilt, schaffen Ihnen 20 cm gesunden, fruchtbaren Boden. Natürlich kann man Humus kaufen (für sündhaft viel Geld). Aber es ist billiger, klüger und umweltbewußter, diese Aufgabe der Natur zu überlassen und selbst nur die dafür notwendigen Mittel zur Verfügung zu stellen.
Es gibt verschiedene Möglichkeiten, organische Abfälle in kostbaren Humus zu verwandeln. Die zweifellos beste: Kompostieren.

33

KOMPOSTIEREN —
LEICHT GEMACHT

Erfolgreiche Hobbygärtner schwören auf Kompost. Er gilt als wahres Wundermittel für ein gesundes Wachstum der Pflanzen und reiche Ernten.

Es ist noch gar nicht so lange her, da wurden Gärtner, die ihre Küchenabfälle auf den Komposthaufen brachten und beim Bauern um eine Tüte Rindermist baten, milde belächelt. Bestenfalls. Heute ist im Zuge des gestiegenen Umweltbewußtseins Kompostieren in Mode und die belächelten Abfallsammler von damals sind zu praktizierenden Ökologen aufgestiegen. Mit anderen Worten: Je größer Ihr Komposthaufen, desto besser stehen Sie da. Soviel wurde geschrieben über die hohe Kunst des Kompostierens, daß man glauben könnte, es sei ein außerordentlich komplizierter Vorgang. In Wirklichkeit ist das Rezept für Humus ganz einfach. Man braucht auch nur wenige Zutaten: Luft, Erde, Wasser, pflanzliche und, wenn Sie wollen (und dran kommen können), tierische Abfälle. Luft, Erde und Wasser sind kein Problem. Organisches Material gibt's in jedem Haushalt in Mengen: Küchenreste, Kartoffelschalen, Filtertüten, Eierschalen, Gemüseabfälle, Obstschalen, Teeblätter etc. Auch im Garten finden sich jede Menge kompostgeeigne-

tes Material: Blätter, Laub, Unkraut, Heckenschnitt, Blumenabfälle etc. Stallmist ist geradezu ideal für Kompost, aber da ist heute nicht mehr so leicht dranzukommen. Kein Problem dagegen ist für die meisten die Beschaffung von ausgekämmten Tier- und Menschenhaaren. Auch sie sind hervorragend für Kompost geeignet. Fleisch- und Fischabfälle wären das zwar auch, aber um nicht unerwünschten Besuch aus der Tierwelt anzulocken, ist es ratsam, sie in die Mülltonne zu werfen. So weit, so gut. Nun kommt es darauf an, diese Abfälle in Kompost zu verwandeln. Diese Arbeit übernehmen, wie schon berichtet, die Bodentierchen und Mikroorganismen. Und die beherrschen ihr Handwerk. Die "Unterirdischen" würden ihren Job auch ohne Ihre Hilfe schaffen, schließlich haben sie seit Beginn der Welt nichts anderes getan. Aber Sie können Sie unterstützen – und den Vorgang des Kompostierens beschleunigen: So wird's gemacht:

Weil es ganz von selber geht... Komposthaufen für Anfänger

Suchen Sie sich in Ihrem Garten einen Platz im Halbschatten aus, nicht zu weit von der Küche, sonst ist es zu mühsam, die Küchenabfälle dorthin zu bringe, und Sie werfen sie lieber in den Mülleimer, wenn auch mit schlechtem Gewissen. Stellen Sie an Ihrem nagelneuen Kompostplatz einen Kompostbehälter auf. Welcher Typ das ist – mittlerweile gibt es zahllose Varianten (manche Gemeinden stellen diese kostenlos zur Verfügung. Erkundigen Sie sich dort!) – spielt keine große Rolle. Hauptsache ist, Ihr Kompostbehälter hat an den Seiten viele Luftlöcher und unten direkten Kontakt zum Boden.

Werfen Sie organische Abfälle in den Behälter, am besten bis zu einer Höhe von 20–30 cm. Dann streuen Sie eine Schicht Stallmist, Steinmehl oder Horn- bzw. Knochenmehl darüber. Das beschleunigt die Zersetzung und sorgt für einen besseren Kompost. Wenn der Kompost zu trocken ist, gießen Sie ihn, bis er so feucht ist wie ein Schwamm. Nun streuen Sie eine Schicht Gartenerde drüber, eventuell auch ein wenig Steinmehl. Und dann fangen Sie wieder von vorne an: Schicht für Schicht, so lange, bis der Kompostbehälter voll ist.

Wenn Sie diese Regeln befolgen und nichts weiter tun als Schicht für Schicht aufzutürmen, haben Sie in etwa einem halben Jahr fertigen Kompost. Bei warmen Wetter geht es sogar noch schneller.

Komposterde im Schnellverfahren

Wenn Ihnen der natürliche Prozeß zu lange dauert und Sie es nicht abwarten können – so geht's schneller:
Zerkleinern Sie alles Material, ehe es auf den Komposthaufen kommt, am besten mit einem der Häcksler aus dem Gartencenter; es geht aber auch mit der Gartenschere. "Vorverdautes" Material verrottet schneller.
Wenden Sie den Haufen einmal in der Woche, kehren Sie das unterste nach oben; auf diese Weise bekommen die Bakterien Sauerstoff.

37

*Kompostbehälter gibts in allen
Varianten: Zum Beispiel
ganz einfach aus verzahntem*

Beton (links) oder etwas
komfortabler aus gelochtem Kunststoff mit Abdeckung (rechts).

39

Halten Sie Ihren Komposthaufen immer feucht. Decken Sie ihn mit einer gelochten Plastikplane ab, wenn Ihr Behälter keinen Deckel hat. Stellen Sie den Komposter auf einem Rost auf den Boden, so wird er besser gelüftet

Gönnen Sie Ihren "Unterirdischen" etwas bequemes Luxusfutter: Kompostierhilfen, organische Düngemittel, gelegentlich eine halbe Flasche Bier. Vor allem jedoch: Ob Sie Ihrem Kompost nun Zeit lassen oder ein wenig Druck machen, haben Sie Vertrauen zu Ihrem Bodenpersonal. Die "Unterirdischen" werden auch damit fertig, wenn Sie Ihren Kompost mal austrocknen lassen oder wenn Sie ihn versehentlich ersäufen. Dieser Kompostier-Prozeß wird dann zwar verlangsamt, aber wirklich gefährdet wird er nie. Es ist viel schwieriger, einen Komposthaufen umzubringen als etwa einen Philodendron. Auch wenn Sie versäumen, Ihren Kompost regelmäßig zu wenden, passiert noch nichts Schlimmes. Die Bakterien, die das organische Material in Kompost verwandeln, benötigen zwar den Sauerstoff, den

Sie ihnen verschaffen, indem Sie Ihren Kompost häufig umdrehen. Aber wenn der Kompost nicht gewendet wird, springen die Bakterien vom Stockwerk drunter ein, also diejenigen vom Bodenpersonal, die im sauerstoffarmen Bereich leben. Die machen das zwar nicht ganz so gründlich, der Abfall wird schmierig und beginnt zu stinken, aber trotzdem brauchen Sie keine Angst zu haben. Wenn Sie irgendwann mal wieder den Kompost wenden, kommen auch die Bakterien vom Stockwerk drüber wieder und beginnen erneut mit der Arbeit. Die unkomplizierten Kompostiertips stammen aus Ame-

---

TIP

Wenn Sie Ihren Komposthaufen ungefähr einmal im Monat umsetzen, was viele Leute tun, ist Ihr Kompost vermutlich gegen Ende der Gartensaison fertig. Wenn Sie ihn nie wenden, dauert es über ein Jahr. Wenn Sie wirklich ehrgeizig sind, wenden Sie ihn alle drei, vier Tage, dann ist er in ein paar Wochen fertig.

---

rika, wo man dazu neigt, vieles etwas lockerer zu nehmen als bei uns. Renommierte, landesweit bekannte TV-Gärtner verbreiten sie im ganzen Land und stehen mit ihrem Prestige dafür gerade. Wenn Ihnen diese Methode einleuchtet, schießen Sie los. Falls Ihnen diese lockere Einstellung jedoch nicht seriös genug erscheint, auf Seite 44 steht die Methode, die von deutschen Kompostologen befürwortet wird:

Auf den Behälter kommt's nicht an

Kompostiert wird entweder auf einem Komposthaufen oder in einem Kompostsilo. Die klassische Methode ist nach wie vor der gute alte Komposthaufen, im Freien an geschützer Stelle in einer sogenannten Miete errichtet. Er braucht ein bißchen mehr Platz und macht etwas mehr Arbeit beim Aufbau und bei der Abdeckung, dafür bereitet es nicht viel Mühe, ihn umzusetzen, das heißt, mit der Mistgabel das unterste nach oben zu befördern. Kompostmieten sind für große Gärten ideal. In kleineren Gärten und in den Städten sind Kompostsilos besser geeignet. Es gibt sie in allen Varianten, zum Beispiel aus Holz, Blech, Maschendraht oder Stein. Rund oder viereckig und sogar als Trommeln, die man mühelos täglich wenden kann. Außerdem gibt es auf dem Markt auch sogenannte Schnellkomposter, bei denen je nach Bauart eine Isolierschicht oder eine gezielte Belüftung zu schnellerer Kompostierung führen, und das sogar bei niedrigen Temperaturen, wenn der Kompost im normalen Behälter Winterschlaf hält. Genausogut kann man sich aber auch selber eines aus Holzlatten bauen. Wichtig ist nur, daß der Behälter nicht nach allen Seiten geschlossen ist, das führt nämlich zu Luftmangel. Kompostsilos haben viele Vorteile: Sie lassen sich leichter füllen, halten die Feuchtigkeit gleichmäßiger und sehen insgesamt etwas unauffälliger aus, was vor allem in kleinen Reihenhausgärten gar nicht so unwichtig ist. Außerdem haben sie noch ein beachtliches Plus: Wenn man das Kompostmaterial gründlich zer- kleinert und Kompostierungshilfsmittel wie Gesteinsmehl, Algenkalk, Horn- und Knochenmehl und ein paar

41

*Kompostbehälter aus schlichtem
Maschendraht*

Unkomplizierter Bausatz aus dem
Fachhandel.

43

Schaufeln Erde verwendet, kann man sich sogar das Umsetzen ersparen.

Kompostieren nach deutscher Art

Ob im Silo oder auf dem Haufen – das Kompostieren verläuft nach den gleichen Spielregeln:
Extreme Witterungsverhältnisse schaden dem Kompost. Umpflanzen Sie deshalb Ihren Kompostierplatz mit Hekken, Stangenbohnen oder Spalierpflanzen, damit er vor starken Winden geschützt ist. Bauen Sie ein Dach – oder ein überdachtes Gestell – drüber, um ihn vor dem Austrocknen zu beschützen. (Falls Ihnen das zu aufwendig er-

scheint, kaufen Sie einfach ein Kompost-Silo mit Deckel.)
Die nähere Umgebung des Komposthaufens sollte stets leicht sauber zu halten sein. Machen Sie sich keine Sorgen, daß Ihr Nachbar Sie anzeigen könnte, weil Ihr Komposthaufen zu nahe am gemeinsamen Zaun ist: Nach neuester Rechtsprechung ist "die Zulässigkeit von Komposthaufen an der Grund- stücksgrenze grundsätzlich möglich, da der Komposthaufen keine bauliche Anlage ist und ohne Belästigung betrieben werden kann".
Der Kompost darf nicht auf wasserundurchlässigem Gelände errichtet werden. Bei einer Grundfläche aus Beton oder Steinen können Regenwürmer und andere nützliche Tiere nicht in den Haufen kriechen. Wasser würde sich im unteren Teil ansammeln und zu Fäulnis führen.
Der Komposthaufen sollte eine Höhe von 1,50 m und an seiner untersten Stelle eine Breite von 2 m nicht überschreiten.
Zuerst wird grobes Material 20 cm hoch aufgeschichtet: zerkleinerte Baum- und Hekkenschnitte, Äste und Stengel

von Stauden und Blumen. So entsteht eine Dränage, die überschüssiges Wasser aus dem Haufen ableitet und für Luftzirkulation sorgt.

Als nächstes werden Abfälle aus dem Rasen, etwa Laub und Rasenschnitt, eingefüllt. Dazwischen wird immer etwas alter Kompost – sofern vorhanden – oder Erde aufgeschüttet, bis das Kompostmaterial dünn bedeckt ist. Nun können alle anderen organischen Abfälle in den Kompostbehälter. Es ist nicht mehr wichtig, in Schichten vorzugehen. Wichtig ist jedoch, daß man stets fertigen Kompost, bzw. etwas Basaltmehl, Kalk, Betonit (ein Tonmineral) oder andere käufliche Kompostzusätze dünn über die jeweils letzte Schicht streut.

Schutzdecke

Kompostzusätze

organische Abfälle

alte Komposterde

Laub und Rasenschnitt

Zerkleinerte Äste, Stengel und Heckenschnitt als Dränage

• Lassen Sie Ihren Komposthaufen höchstens 1,50 m hoch werden. Der obere Abschluß sollte nicht spitz, sondern flach sein.

• Wenn er hoch genug ist, decken Sie ihn mit einer Schutzdecke aus Schilfmatten, alten Säcken, Laub, Stroh oder im Idealfall mit einer gelochten schwarzen Mulchfolie ab – dadurch erwärmt sich der Komposthaufen schneller.

• Um den Prozeß zu beschleunigen, kann der Komposthaufen nach drei Monaten umgesetzt werden.

• Ist das aufgeschüttete Material zu trocken, legt man eine Gießmulde auf dem Haufen an und füllt diese mit Wasser auf. Schon beim Ansetzen des Komposts sollte das Material gelegentlich übersprüht werden, damit der Haufen nicht zu trocken wird.

• Im Winter darf der Kompost keinesfalls umgesetzt werden, weil er sonst abkühlen würde.

• Länger als ein Jahr sollte Kompost nicht gelagert werden, da sonst die organischen Substanzen zu weit abgebaut werden und für die Humusanreicherung nicht mehr viel bringen.

45

Was kommt in den Kompost?

Was in den Kompost gehört oder nicht, darüber sind schon heftige Diskussionen entbrannt. Es gibt die Puristen, die die Zutaten für ihren Kompost so streng auswählen, als wären es die Zutaten für ein Festmenü. Insbesondere alles, was Schadstoffe enthalten könnte, wird aus dem Kompost verbannt. Andere sind wesentlich lockerer. Sie selbst müssen entscheiden, was Sie mit Ihrem Kompostgewissen in Einklang bringen können.

Frische Küchenabfälle wie Kartoffelschalen, Gemüse- und Obstreste, Eierschalen und Kaffeeefilter gehören auf den Kompost. Für den Mülleimer sind sie viel zu schade.

Die folgenden Zutaten sind in jedem Fall erlaubt, da gibt's keine Diskussion.

Aus der Küche
Gemüsereste, Kartoffelschalen, Obst, Gemüse Tee-und Kaffeefilter, zerdrückte Eierschalen.

Papier und Pappe
Pappe und Papier lassen sich gut kompostieren. Sie sollten zerrissen oder in Wasser eingeweicht und in kleinen Portionen dem Kompost beigemischt werden. Farbig bedrucktes Papier geben Sie besser zum Altpapier – die in den Farben enthaltenen Inhaltsstoffe sind für den Komposthaufen nicht geeignet.

Gartenabfälle
Geschnittenes Gras sollte nur angetrocknet in einer dünnen Schicht auf den Kompost, da

es beim Kompostieren von gut gedüngtem Rasen zu einer starken Wärmeentwicklung kommen kann. Gräser nehmen aus dem Boden am liebsten Stickstoff auf. In Verbindung mit dem in der Pflanze gespeicherten Wasser kann es zu einer Selbstentzündung kommen. Wenn Sie Pech haben, geht Ihr Komposthaufen in Flammen auf!

TIP
Kraftcocktail für kleine Pflanzen
Wenn Ihnen die Kompostiererei zu mühsam ist: Hier ist ein Kompromiß. Sammeln Sie Ihre organischen Küchenabfälle wie Gemüse, Obst, Eierschalen, Teeblätter, Kaffeefilter etc. und geben Sie sie in Ihren Mixer. Füllen Sie mit Wasser auf und mixen Sie alles kurz und klein. Dieses Wasser geben Sie an Ihre Pflanzen und harken es leicht ein: Sie werden staunen, wie die Pflanzen danach wachsen und gedeihen!

Laub
Hervorragend geeignet. Es gibt aber einige Laubarten, die schwerer verrotten: Eiche, Kastanie, Birke, Pappel und Akazie. Da bei der Kompo-

48

stierung von diesen Blättern Gerbsäure frei wird, die den Kompost "sauer" macht, empfiehlt es sich, Kalk und Tonmineralien zuzusetzen.

Baum- und Heckenschnitt
Beide sind kalireich und deshalb gut für den Kompost geeignet. Allerdings müssen sie mit der Gartenschere oder dem Häcksler zerkleinert werden.

Gartenabfälle
Gemüseabfälle, Pflanzen - und Staudenreste, Kartoffellaub, Erbsenstroh Schnittreste von Blumen können problemlos in den Kompost.

Holz
Sägespäne, Sägemehl kleingehäckseltes Holz und Holzasche liefern Kali und sind gut für den Kompost.

Was darf nicht in den Kompost:

Glas, Metall, Kunststoffe, Batterien, Verpackungen, Milchtüten, Windeln, Chemikalien aller Art, Altöl, Kohleasche, Fleisch, Fisch, Knochen und gekochte Essensreste haben auf dem Komposthaufen gar

> **TIP**
> *Je vielseitiger die Zusammensetzung der abgelagerten Materialien, je bunter also die Mischung, desto besser verläuft die Verrottung, und desto besser und hochwertiger wird der Kompost. Geben Sie niemals große Mengen von einer Sorte auf den Komposthaufen!*

nichts zu suchen! Sie verrotten schwer und ziehen nur un erwünschtes Ungeziefer an.

Pflanzen mit hartnäckigen Krankheiten und besonders unverwüstliche Unkrautsorten sollten Sie in Ihrem eigenen Interesse nicht in den Kompost werfen – es könnte sein, daß die Krankheitserreger den Gärungsprozeß überleben und sich auf dem Umweg über den Komposthaufen wieder in Ihre Gartenbeete einschleichen.

Ja oder nein, hier müssen Sie selbst entscheiden!

Darüber, ob zwecks längerer Haltbarkeit präparierte Zitronen- und Apfelsinenschalen

49

In trockenen Zeiten sollten Sie Ihren Komposthaufen gründlich gießen. Der Inhalt verrottet schneller, wenn er feucht gehalten wird. Gelegentlich verträgt er auch abgestandenes Bier. Grasschnitt erhitzt sich zu stark und gehört deshalb nur in kleinen Mengen in den Kompost.

51

TIP

*Verwenden Sie alle
Kompostzusätze
möglichst sparsam!*

nun in den Kompost dürfen oder nicht, ist unter den Experten lange gekämpft worden. Mittlerweile hat man sich darauf geeinigt, daß "kleinere Mengen" der Kompostierung nicht schaden.

Mist
Der Mist von Kaninchen, Tauben und Hühnern oder die Streu aus Sägemehl von Katzen und Hamstern, gut vermischt mit anderem Kompostmaterial, sind stickstoffreich und nach Ansicht mancher Kompostologen gut für den Kompost geeignet. Andere

vertreten die Ansicht, daß Katzenstreu nur sehr schwierig verwest und außerdem wegen der lästigen Gerüche nicht in den Kompost gehört. Ausgekämmte Katzen- und Hundehaare dagegen dürfen in jedem Fall in den Kompost.

Staubsaugerbeutel
Daran scheiden sich die Geister. Manche Experten haben keine Bedenken, andere raten, auf die Staubsaugertüten im Kompost zu verzichten, da sie dort "Staubnester" bilden und unter Umständen auch Schadstoffe enthalten, die dem Kompost schaden könnten.

TIP
Geben Sie unter keinen Umständen – erkrankte Pflanzen in den Kompost. Auf dem Umweg über die Erde haben Sie die Krankheitserreger im nächsten Jahr wieder im Garten. Vor allem Tomatenpflanzen sind sehr anfällig. Nach der Ernte sollten Sie die Pflanzen sicherheitshalber verbrennen!

Wann ist der Kompost fertig?

Fertigkompost nennt man die Erde, die mindestens ein halbes Jahr lang in einem Komposthaufen gelegen hat und anschließend durch Sieben in einem Kompostsieb von groben Bestandteilen befreit wurde.

Reine Komposterde hat einen sehr hohen Nährstoffgehalt. Sie darf auf keinen Fall unverdünnt als Pflanzerde für Aussaaten oder junge Pflänzchen verwendet werden. Doch an fast allen anderen

> **TIP**
> *Wenn Ihr Kompost trotz aller Mühen einen unangenehmen Geruch hat- streuen Sie ein paar Hände von Gesteinsmehl drüber. Das gleiche sollten Sie tun, wenn die Fruchtfliegen sich über Ihren Kompost hergemacht haben. Sie tun dem Kompost zwar nichts, aber Ihnen sind sie lästig. Eine Handvoll Steinmehl treibt sie in die Flucht.*

Stellen im Garten ist er, dünn aufs Beet gestreut, hochwillkommen. Auf Gemüse- und auf Blumenbeeten, auf Baumscheiben von Apfelbäumen und Beerensträuchern, selbst der Rasen freut sich im Herbst über eine ganz dünne Schicht Komposterde.

Mulch- bzw. Schnell-, Roh- oder Frischkompost ist schon nach 6–8 Wochen einsatzfähig. Er sieht dunkelbraum aus, fühlt sich krümelig an und riecht nach Walderde. Zum Teil kann man noch an der Struktur erkennen, woraus er entstanden ist. Frischkompost ist hervorragend als Mulchmaterial zum Bedecken von abgeernteten Beeten geeignet. Allerdings empfiehlt es sich, den Rohkompost mit einer kleinen Menge stickstoffhaltigen Düngers zu vermischen, da die "Unterirdischen" dazu neigen, den im Kompost enthaltenen Stickstoff für sich selbst zu verbrauchen.

Faustregel: ein Pfund Hornmehl auf einen Schubkarren Rohkompost gleicht diesen Mangel aus. Alte Obstbäume, die nicht mehr recht tragen wollen, freuen sich über eine Schicht Rohkompost auf der Baum- scheibe. Hecken, Rhododendren, Rosen und Kletterpflanzen wachsen mit neuer Kraft, wenn man sie mit Rohkompost füttert.

> **TIP**
> *Rasen und Blumenwiesen vertragen keinen Mulchkompost – sie würden an manchen Stellen zu faulen beginnen.*

53

Da ist der Wurm drin: Kompostieren in der Plastiktonne

Kann es sein, daß Sie leidenschaftlich gern kompostieren würden, aber Sie haben keinen Garten? Kein Problem: Durch den selbstlosen Einsatz von *Eisenia foetida* können Sie auf Ihrem Balkon, im Keller und zur Not, wenn Sie wollen, sogar in Ihrer Küche hervorragenden Kompost herstellen. *Eisenia foetida* sind kleine rote Kompostwürmer, die im Kompost leben, dort Abfälle in Dauerhumus verwandeln und unzählige Nachkommen produzieren, die ihrerseits wiederum Abfälle in Humus verwandeln und zahllose Nachkommen zur Welt bringen. Sie leben ausschließ-

---

TIP

Bei Balkonkästen vermischt man die Hälfte der alten Erde mit frischer Komposterde.

---

lich vom organischen Abfall. Und selbst wenn Sie Ihren Kompostbehälter im Wohnzimmer stehen haben – ja es gibt ein solches Modell tatsächlich zu kaufen: Eine Pla-

stiktonne mit Holz verkleidet, obendrauf befindet sich ein Behälter für Zimmerpflanzen, der übrigens ausbruchsicher ist, Sie brauchen keine Angst vor einer Wurminvasion zu haben. Wenn es den roten Gesellen in ihrem Wohnsitz gut geht und sie genügend Nachschub bekommen, denken sie gar nicht daran, ihre Bleibe zu verlassen. Die tollen Würmer kann man kaufen: 500 Exemplare kosten etwa 40-50 DM.

Kompostieren für Gärtner ohne Garten

• Kaufen Sie sich eine Plastiktonne mit festsitzendem Deckel und bohren Sie in den Boden kleine Löcher, möglichst nahe an der Mitte und in möglichst gleichem Abstand.
• Stellen Sie die Tonne dorthin, wo es im Winter nicht friert: In den Keller, in die Garage, auf den Balkon, etc.
• Stellen Sie die Tonne auf ein paar Ziegel und setzen Sie eine Auffangschale darunter, in der Sie auslaufende Flüssigkeit auffangen. Diese Flüssigkeit ist geruchlos und kann als Dünger für Ihre Zimmerpflanzen benützt werden.

• Streuen Sie 10 cm gute Erde auf den Boden der Tonne.

• Kaufen Sie einen Satz Würmer. Sie gibt's im Geschäft für Anglerzubehör oder überall dort, wo Sie Biotonnen kaufen können. Kaufen Sie die geringste Menge, die zu haben ist, die Würmer vermehren sich ganz von selber.

• Fügen Sie ein paar zerkleinerte Blätter oder ein bißchen zerrissenes Zeitungspapier hinzu.

• Geben Sie alles hinein, was als Pflanzenabfall in Ihrer Küche anfällt: Kartoffelschalen, Obstreste, Kaffeefilter, Teeblätter, Eierschalen, Gemüsereste, Brotkrusten etc.

• Vermeiden Sie Knochen und Fleischreste, sie könnten Ungeziefer anlocken.

• Hundehaare, Nußschalen, Holzasche, Sägespäne – nur hinein damit.

• Bestreuen Sie jede Schicht Abfall mit Gartenerde, Grasresten oder zerkleinerten Blättern. Keine Angst vor Gerüchen oder vor Fliegen. Komposttonnen sind meist frei von Ungeziefern und unangenehmen Gerüchen. Und wenn es wirklich mal nicht sehr gut riecht, streuen Sie eine neue Schicht zerkleinertes Zeitungspapier, Teeblätter, Kaffeefiltertüten oder Steinmehl drüber und der Geruch verschwindet sofort.

• Eine große Tonne reicht für die Abfälle einern vierköpfigen Familie. Manche Familien beginnen im Herbst mit einer Tonne und kaufen, wenn sie fast voll ist, eine zweite dazu. Die Herbsttonne kann im

---

TIP

Komposterde wird immer nur ganz leicht in den Boden eingeharkt. Sie darf niemals untergegraben werden.

Frühling entleert werden – als Komposterde, zumindest aber als Rohkompost.

• Heben Sie Ihre Würmer für die nächste Runde auf. Das geht so: Kompostwürmer lieben die Dunkelheit. Lassen Sie für ein Weilchen den Deckel Ihrer Tonne offen. Die Würmer kriechen schnell nach unten, und Sie können in aller Ruhe den Kompost von oben ausleeren.

• Wenn Sie mögen, können Sie Ihr Kompostmaterial noch mit organischem Dünger, etwas Holzasche und Sand anreichern.

57

MULCHEN GEGEN WIND UND WETTER

Es gibt Hobbygärtner, die schon seit Jahren mulchen und andere, die sich davor scheuen.

Mulchen bedeutet, den Boden zwischen den Pflanzen mit (meist organischem) Material abzudecken – im Sommer wie (in Maßen) auch im Winter!

Fürs Mulchen rund ums Jahr gibt es viele gute Gründe:

• Starke Sonnenbestrahlung macht einem gemulchten Boden ebensowenig aus wie heftige Gewittergüsse oder starker Frost.

• Die Feuchtigkeit bleibt im Boden. Wer mulcht, braucht viel seltener zu gießen.

• Wenn es regnet, wird die Erde nicht auf die Pflanzen gespritzt, das Gemüse bleibt sauberer.

• Tomaten, Gurken und Melonen faulen weniger schnell, weil sie nicht in direkten Kontakt mit dem Boden kommen.

• Die Bodentemperatur bleibt gleichmäßiger.

• Die Mikroorganismen – Regenwürmer und Co. – arbeiten unter einer gemütlichen Mulchdecke besonders gut.

• Die Pflanzen gedeihen prächtig, weil sich das organische Material allmählich zersetzt und Nährstoffe freigibt.

• Unkraut, und sei es noch so zäh, hat gegen eine Mulchdecke keine guten Karten.

Lauter gute Gründe also, sich dafür zu interessieren, wie man den Boden denn am besten bedeckt.

Sommer- und Wintermäntel für den Garten

Natürliches Mulchmaterial gibt es in rauhen Mengen: Heu, Stroh, Sägespäne, Torf, Grasschnitt, Herbstlaub, zerkleinerte Staudenabfälle, Unkraut, das noch keinen Samen gebildet hat, Frischkompost und vieles mehr. Seit einiger Zeit ist Rindenhumus oder Rindenmulch (gibt's im Garten- geschäft) besonders populär. Nicht nur, weil es auf den Beeten hübsch aussieht: Unter einer solchen Decke hat Unkraut praktisch keine Chance mehr. Es gibt auch Mulchfolien aus schwarzem oder grauem Kunststoff und neuerdings sogar aus Papier. Sie sind vor allem für Erdbee-

ren und bestimmte Gemüse-
sorten überaus praktisch. An
den Stellen, wo eine Pflanze
wachsen soll, wird die Folie
einfach mit einem Messer
kreuzweise aufgeschlitzt. Da
sie jedoch nicht dazu beitra-
gen, dem Boden die ent- zo-
genen Nährstoffe wieder zu-
rückzugeben, wie das die na-
türlichen Mulchdecken tun,
wollen wir sie hier einmal
links liegen lassen. Selbst in
einem kleinen Garten gibt es
so viele organische Abfälle,
daß der normale Gärtner ohnehin gar nicht weiß, wohin
damit.

TIP

*Pflanzen unter einer Mulch-
decke, die wenig Stickstoff
enthält – Stroh zum Beispiel
oder Sägespäne – sollten in
jedem Fall eine Extraportion
Stickstoffdünger bekommen.
Etwa 50 Gramm Hornmehl
pro Quadratmeter, alle vier
Wochen, sind optimal. Aber
auch unter allen anderen
organischen Mulchschichten
kann es den Pflanzen nur gut
tun, wenn sie diese Stickstoff-
Spritze erhalten. Die
"Unterirdischen" nämlich
verbrauchen den Stickstoff,
den sie in der Mulchschicht
finden, meist ganz für sich
allein.*

So wird's gemacht:
Mulchen mit Gartenabfällen
geht an Ort und Stelle vor
sich, ohne den Umweg über
den Kompost. Natürlich können Sie auch mit Frisch- kompost hervorragend mulchen,
aber das wissen Sie ja schon
(siehe Seite 53).
Gemulcht wird auf Gemüse-
beeten, um Obstbäume und
Rosen herum, im Blumenbeet
und unter Hecken und im-
mergrünen Ziersträuchern.
Meist ist es einfacher, die
Mulchschicht über dem ganzen Beet zu verteilen und sie
im Frühling, wenn die Pflanzen in die Erde kommen, einfach beiseite zu schieben. Im
nachhinein zwischen den jun-
gen Pflanzen – oder um sie

herum – eine Mulchdecke
anzubringen, ist eine mühe-
volle Sache! Übrigens: knau-
sern Sie nicht mit Mulch. Machen Sie die Decke so dick,
daß das Unkraut nicht durch-
kommt. Grobes Material,
Grasschnitt oder Herbstlaub

zum Beispiel, fällt viel schneller zusammen als Sie glauben. Eine solche Schicht kann anfangs ruhig gut 20 cm hoch sein. Feines Mulchmaterial wie Kaffeesatz oder Sägemehl wird natürlich nur ganz dünn ausgestreut.

TIP

Manche Gemüsesorten sind, was Mulchdecken betrifft, ein wenig heikel. Gurken und Tomaten etwa lieben einen warmen Boden. Da Mulch die Erde aber eher feucht und kühl hält, sollten Sie, ehe Sie Tomaten und Gurken pflanzen, die Decke beiseite räumen und den Boden eine Woche lang in der warmen Frühlingssonne schmoren lassen – zum Aufwärmen. Erst wenn die Pflanzen in der Erde sind, können Sie wieder eine Mulchschicht anbringen. Salat, Karotten und Kohl dagegen haben es gern feucht und kühl – sie finden eine Mulchdecke von Anfang an äußerst angenehm.

Ihre Obstbäume und Kohlköpfe
freuen sich über eine
Mulchdecke aus zerkleinerten
Gartenabfällen, mit
guter Komposterde vermischt.

63

Wohin mit dem Herbstlaub?

Wenn Sie bisher Ihr Laub in Plastiksäcken gesammelt und auf das Verständnis Ihrer Müllmänner gehofft haben, versuchen Sie es in diesem Jahr doch mal mit "Herbstlaub-Flächenkompostierung". Auf diese Weise erhalten Sie bis zum nächsten Frühjahr wertvollen Mulchkompost. So geht's:

• Breiten Sie Ihr Laub ca. 10–15 cm hoch unter ihrer Hecke oder auf Ihren Beeten aus. Falls vorhanden, zerkleinern Sie es vorher mit einem Häcksler, es geht aber auch so.

• Streuen Sie Universal-Komposter und einige Schaufeln Mulchkompost darüber und arbeiten Sie diese Schicht ganz leicht in die oberste Bodenschicht ein. So kommt das Laub mit der Erde in Berührung, bleibt feucht und weht nicht so schnell davon.

• Im Frühjahr ziehen Sie noch einmal vorsichtig mit dem "Sauzahn" durch die Beete, harken die noch nicht verrotteten Blätter ab und werfen

TIP

Wintermulch sollte mit Bedacht angebracht werden. Sie können damit junge und auch frostempfindliche Pflanzen vor Schäden schützen. Aber übertreiben Sie bitte nicht – eine Mulchdecke ist kein Ersatz für ein Gewächshaus. Die beste Schutzschicht für Ihren Garten ist im Winter immer noch der Schnee.

sie in den Kompost. Das ist nicht nur eine ausgezeichnete Methode, Ihr Laub loszuwerden, sondern auch eine hervorragende Lockerung für schwere Böden.

Gründünger – Dünger aus lebenden Pflanzen

Für Hobbygärtner ist Gründüngung meist nur dann sinnvoll, wenn sie ein Grundstück, das längere Zeit brach gelegen hat – etwa bei einem Neubau – kultivieren möchten. Aber lesen Sie trotzdem weiter, auch in einem alteingesessenen Garten kann Gründünger auf einem müden Beet Wunder wirken. Durch Gründüngungspflan-

zen wird der Boden gelockert und mit Stickstoff reichlich versorgt.

Die Pflanzen werden eingesät und kurz vor der Blüte abgemäht und in den Boden eingearbeitet. Die Wurzeln, die zum Teil tief in den Boden dringen, reichern die Erde mit Stickstoff an. Besonders wertvoll als Stickstoffquelle sind die sogenannten Leguminosen (Hülsenfrüchtler), die mit Hilfe bestimmter Bakterien, die in speziellen Wurzelknöllchen sitzen, stickstoffreiche Verbindungen dem Boden zuführen: Lupinen, Luzerne, Erbsen, Gartenbohnen und Klee.

TIP

Falls Sie nicht glauben, daß so kleine Pflanzen genügend "Power" haben, um es mit einem schweren Tonboden aufzunehmen: Eine einzige Leguminosen-Pflanze produziert jeden Tag etwa 5 km Wurzeln. Das macht in einer Saison ein Streckennetz von über 500 km Wurzeln. Von den kleinen Haarwurzeln ganz zu schweigen: Die erreichen ingesamt fast 10 000 Kilometer Länge!

65

RICHTIG DÜNGEN – KEIN PROBLEM

Bei Pflanzen und bei Babies kann man ziemlich sicher sein: Wenn sie spürbar unzufrieden sind, haben sie meistens Hunger oder Durst

Sie haben alles getan, um Ihren Pflanzen einen guten, nahrhaften Boden zur Verfügung zu stellen. Kräftig gegossen haben Sie auch immer. Und trotzdem sieht es so aus, als wären die kleinen "Grünen" in Ihrem Garten immer noch nicht satt. Das verstehen Sie nicht? Nun, möchten Sie immer nur von Wasser leben?

Zum Wachstum und zur Ausbildung von Blüten und Früchten benötigen die Pflanzen mehr als ein Dutzend Nährstoffe, die im Humus nur zum geringen Teil enthalten sind. Sie verbrauchen sehr schnell große Mengen von Kohlenstoff, Wasserstoff, Sauerstoff, Stickstoff, Phosphor und Kali. Die ersten drei – Kohlenstoff, Wasserstoff und Sauerstoff – erhalten sie aus dem Wasser und aus der Luft. Die ausreichende Menge Wasser beeinflußt das Pflanzenwachstum übrigens mehr als alle Düngemittel zusammen! Die zweite wichtige Gruppe – Stickstoff, Phosphor und Kali – bekommen die Pflanzen aus dem Boden. Weil sie vor allem im Wachstum Unmengen davon verbrauchen, müssen diese drei Nährstoffe dem Boden

von Zeit zu Zeit zugeführt werden. Außerdem benötigen sie noch Kalzium, Eisen, Magnesium, Schwefel, Kupfer, Chlor und diverse andere Spurenelemente. In winzig kleinen Mengen zwar, doch wenn sie die nicht kriegen, reagieren sie mit Streik. Durch gute Bodenpflege kann man einen Teil dieses Bedarfs decken. Aber nur einen Teil. Den Rest muß man dem Boden durch Dünger zur Verfügung stellen. Und je mehr Sie von Ihren Pflanzen an Blühkraft und an Erträgen erwarten, desto mehr müssen Sie ihnen zu essen geben. Mit anderen Worten: Am Düngen geht fast kein Weg vorbei.

Stickstoff

Stickstoff ist der Motor, der die Pflanzen zum Wachsen bringt. Zuviel Stickstoff führt dazu, daß sie ins Kraut schießen, schwach, lang und anfällig gegen Krankheiten und Schädlinge werden. Die Blätter fühlen sich weich und labberig an. Stickstoffmangel, erkennt man daran, daß die Blätter mickerig bleiben und vergilben. Eigentlich steht den Pflanzen aus der Luft reichlich Stickstoff zur Verfügung. Leider kann die Pflanze diese Quelle nicht nutzen, da der Stickstoff im gasförmigen Zustand vorliegt und nur als Salz aufgenommen wird. Es sei denn die Pflanze besitzt in den Wurzeln Knöllchenbakterien.

Phosphor

Phosphor braucht die Pflanze für die Bildung von Blüten, Samen und Früchten. Außerdem ist er wichtig für den Stoffwechsel und überhaupt für den gesamten Energiehaushalt. Phosphormangel erkennt man daran, daß sich die Blätter, vor allem die älteren, verfärben und schließlich absterben. Die Pflanzen bleiben klein und mickrig und blühen schlecht. Oft genügt nur ein kleiner Schuß Phosphor, und sie blühen wie nie zuvor. Aber übertreiben Sie bitte nicht: Eine Überdüngung mit Phosphor verursacht Wachstumshemmungen, weil

die Pflanze nur eingeschränkt lebenswichtige Spurenelemente aufnehmen kann.

Im allgemeinen sind unsere Böden reichlich mit Phosphor versorgt. Das Problem ist nur, daß die Pflanzen oft nicht "drankommen". Wenn der Boden nicht den richtigen pH-Wert hat – also in stark sauren oder alkalischen Böden – wird der Phosphor durch bestimmte chemische Verbindungen so festgelegt, daß ihn die Pflanzen mit ihren Wurzeln nicht erreichen.

Kalium

Kalium oder Kali sorgt für kräftige Wurzeln und Knollen. Es reguliert den Wasserhaushalt der Pflanzen. das heißt, es kümmert sich darum, daß das Bodenwasser optimal genützt wird und die Pflanzen in Zeiten der Trokkenheit mit weniger Wasser auskommen. Kali erhöht die Widerstandskräfte gegen Frost, Schädlinge und Krankheiten. Kalimangel macht die Pflanzen schlaff und mickerig, die Blattränder verfärben sich braun und trocknen schließlich ein. Vor allem die Obstbäume, die viel Kali brauchen, leiden, wenn sie nicht genü-

69

So erkennen Sie Mangelsymptome:
Obere Reihe: Phosphor-
mangel am Schneeball (links).
Stickstoffmangel an Rose
und Hainbuche (Mitte und rechts).
Mittlere Reihe: Eisenmangel
an Rhododendren (links).
Magnesiummangel an Fichte und
Holunder (Mitte und rechts).
Untere Reihe: Kalimangel an Rot-
buche (links) und Erle.

gend Nachschub bekommen. Relativ selten kommt es auch zu Kali-Überschuß. Der beeinträchtigt die Versorgung mit Magnesium und Kalzium und bewirkt, daß die Pflanze schlecht wächst.

Das sind die drei wichtigsten Stoffe. Außerdem benötigt die Pflanze:

Kalzium

Kalzium ist sehr wichtig für das gesunde Wachstum der Wurzeln und Triebe. Ohne Kalzium bilden sich keine neue Wurzeln und die alten verkümmern und sterben ab. Oben sehen die Pflanzen kümmerlich, verkrüppelt und verwachsen aus. Obst und Gemüse, die nicht genug Kalzium bekommen, werden stippig (Äpfel) oder faulen (Tomaten). Ein Kalziumüberschuß tritt in der Natur selten auf.

Magnesium und Eisen

Magnesium ist der Baustein des Blattgrüns (Chlorophyll). Bekommt die Pflanze davon nicht genug, so wird zwangsläufig die Blattgrünbildung gehemmt. Außerdem ist Magnesium zuständig für Größe und Qualität vieler Kulturpflanzen.

Magnesiummangel kommt häufig in sauren Böden vor, Eisenmangel in alkalischen, also überkalkten Böden. In beiden Fällen werden die Blätter gelb, die Blattadern dagegen bleiben dunkelgrün – langsam werden die Ränder braun, die Blätter trocknen ein und fallen ab. Zuviel Magnesium kommt im Garten fast nie vor.

Hinzu kommen noch Natrium, Mangan, Zink, Schwefel, Kupfer, Chlor, Bor, Molybdän und in einigen Fällen auch Silicium und Kobalt – in winzigen Portionen zwar, aber ohne Sie geht es nicht. Ganz schön kompliziert, vor allem, wenn man bedenkt, daß eine Pflanze nicht gedeihen kann, wenn ihr nur ein einziger Nährstoff fehlt. Auch dann nicht, wenn alle anderen im Überfluß vorhanden sind! Kein Wunder, daß der ratlose Hobbygärtner sich beim Anblick kümmerlicher Blüten und gelber oder brauner, eingerollter Blätter verzweifelt fragt: Was ist mit meiner Pflanze los? Falls Sie sich die Fotos auf Seite 70-71 nun sehr genau angeschaut haben, aber immer noch unsicher sind, ha-

ben Sie die Möglichkeit, durch einen Do-it-yourself-Test Ihren Verdacht zu bestätigen oder zu widerlegen. Das ist allemal besser, als wild drauflos zu düngen.

Außer dem Kalkgehalt kann man auch den Gehalt an Stickstoff, Phosphor und Kali durch leicht zu handhabende Bodentests selbst ermitteln. (Wie diese Tests funktionieren, können Sie auf Seite 25 nachlesen). Stickstofftests führt man am besten im Frühling (Februar/März) durch, 2-3mal innerhalb von 2-3 Wochen. So kann man feststellen, ob sich der Gehalt an freiem Stickstoff im Boden verändert. Achtung: Beginnen Sie mit dem Stickstofftest nicht zu früh im Jahr. Die Mikros, die den Stickstoff im Boden aktivieren, arbeiten erst bei 5-10 Grad plus, vorher hat der Test also gar keinen Zweck.

Schokolade oder Vollkornbrot: Wie dünge ich richtig?

Angenommen, Sie haben herausgefunden, welcher Nährstoff – oder auch welche Nährstoffe – Ihren Pflanzen fehlen. Wie organisiert man auf möglichst schonende, unagressive und natürliche Weise den Nachschub? Zur Auswahl stehen sogenannte organische Düngemittel und anorganische oder Mineraldünger. Organisch düngen bedeutet: Die Nährstoffe kommen nicht direkt an die Pflanze, sondern zunächst an den Boden. Anorganisch düngen heißt: Der Dünger geht ohne großen Umweg über den Boden an die Pflanzenwurzeln. Organische Nahrung stammt von Pflanzen (z.B. Algen) oder von Tieren (z. B. Knochenmehl, Hornmehl, Blutmehl) und sind meist Langzeitdünger. Da sie weniger konzentriert sind, können sie bei den Pflanzen auch weniger Schaden anrichten. Stallmist und Kompost sind zwar ebenfalls organische Dünger, aber viel gefährlicher. Vor allem der Mist kann die Pflanzen verbrennen.

73

Kor

Knochenmehl

Ho

Kompost und organische Düngemittel aus der Tierverwertung düngen wirkungsvoll, aber schonend.

ost

Hornmehl

späne

Viele Hobbygärtner glauben, daß mineralische, also anorganische Dünger weniger natürlich sind als organische. Dabei wird ein erheblicher Teil von ihnen aus Mineralien gewonnen, also auch aus der Natur. Trotzdem werden sie, gemeinsam mit den Chemiedüngern, als "Kunstdünger" bezeichnet. Mineraldünger wirken stärker, schneller und kosten meist weniger als organische Dünger.

Allerdings haben sie auch erhebliche Nachteile. Wenn man zuviel davon verwendet, erhöhen sie den Salzgehalt im Boden, schaden den Mikroorganismen und fließen ins Grundwasser ab. Außerdem tragen sie so gut wie nichts dazu bei, die Bodenstruktur zu verbessern, wie das die organischen Dünger tun. Die wirken nämlich erst dann, wenn das unterirdische Bodenpersonal sie zerlegt, in pflanzengerechte Bestandteile umgewandelt und damit für den Verzehr freigegeben hat. Insofern sind tatsächlich die organischen Dünger um vieles gesünder für die Pflanzen, für den Boden und für die Umwelt.

Man könnte das so ausdrücken: Die organischen Dünger sind für Pflanzen das, was für uns Vollkornbrot und frisches Gemüse sind. Sie versorgen sie mit Nährstoffen, die sie stark und gesund machen. Anorganische Düngemittel dagegen sind vergleichbar mit einer Tafel Schokolade. Die gibt zwar schnell neue Energie, aber genauso schnell ist ihre Wirkung auch wieder verpufft. Nur auf der Hüfte und auf den Oberschenkeln bleibt sie länger erhalten als uns lieb ist.

Bei den folgenden organischen Düngemitteln handelt es sich also sozusagen um gesunde"Vollkorndünger". Bei Mist jedoch ist Vorsicht geboten. Wer sich damit nicht auskennt und übertreibt, kann unter seinen Pflanzen ein Blutbad anrichten.

DÜNGER VON TIEREN

Zu den organischen Düngern aus der Tierverwertung zählen in erster Linie Hornmehl, Blutmehl und Knochenmehl. Sie stammen aus Schlachtabfällen. Aber auch Haare, Häute, Schuppen und Federn sind natürliche Nährstoffträger.

Stickstoffreiche Dünger

Hornmehl

Hornmehl besteht aus zermahlenen Tierhörnern und -hufen, die im Handel als Hornmehl, Horngrieß und Hornspäne angeboten werden. Der Stickstoffanteil beträgt in allen drei Varianten 10-12%, ganz gleich, ob es sich um Mehl oder um ziemlich grobe Späne handelt. Trotzdem ist es nicht gleichgültig, ob Sie nun Hornmehl oder Hornspäne verwenden. Je feiner gemahlen, desto schneller die Wirkung. Hornmehl wirkt schon nach 10-12 Tagen, Hornspäne erst nach acht Wochen. Alle drei Sorten zusammengemischt, ergeben einen hervorragenden Langzeitdünger, der die ganze Saison für ausreichend Stickstoff sorgt. Je nach Bedarf gibt man 50-100 g pro qm, zweimal in der Saison.

Blutmehl

Noch schneller als Hornmehl wirkt Blutmehl, das 14% Stickstoff enthält. In feinstpulverisierter Form wirkt es so schnell, daß man fast den Verdacht bekommen könnte, es handele sich dabei um einen Chemiedünger: Schon 10-14 Tage nach der Anwendung sieht man den Erfolg. In der Grießform dauert es etwa vier Wochen bis zum Wirkungseintritt. Und in der groben Form wirkt Blutmehl erst nach frühestens acht Wochen. Auch hier empfiehlt es sich, die verschiedenen Formen miteinander zu vermischen. Sparsame Anwendung ist angezeigt. Als Richtwert verwende man 50 g pro qm. Die Pflanzen dürfen nicht direkt damit in Berührung kommen. Blutmehl wird dann angewendet, wenn man den Pflanzen besonders schnell Stickstoff zuführen möchte. Außerdem setzt man es noch dem Kompost zu, um eine rasche Bakterienentwicklung zu erreichen

Phosphorreiche Dünger

Knochenmehl

Knochenmehle werden durch Zermahlen von Knochen hergestellt, die vorher mit überhitztem Wasserdampf behandelt (um die Bakterien zu töten) und zum Teil auch mit Lösungsmitteln entfettet werden. Sie enthalten etwa 17% Phosphor und wirken gleich-

77

Eine Gründüngung ist eine wahre
Wunderkur für übermüdete,
ausgelaugte Böden. Sogenannte
Hülsenfrüchtler wie Klee (rechts),
Phacelia (unten) und Lupinen
(großes Foto) sammeln über ihre
Wurzeln Stickstoff und reichern
damit den Boden an.

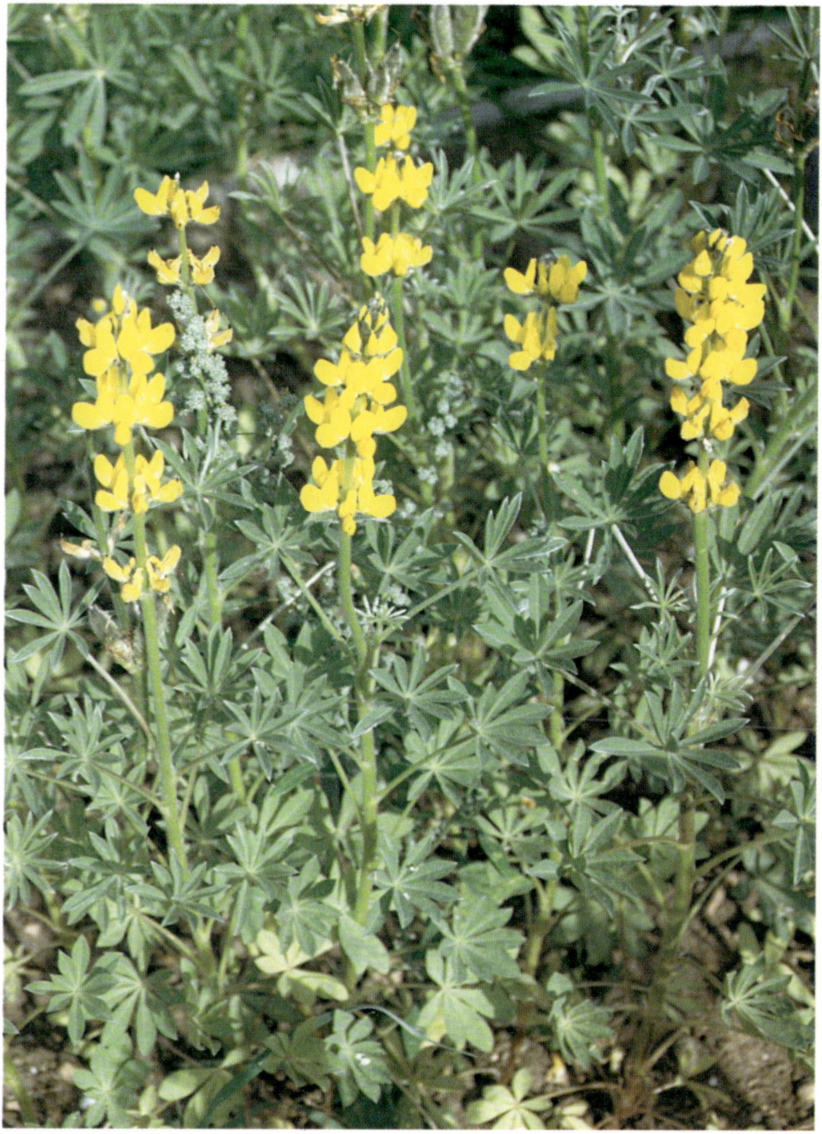

GÄRTNERQU
ohne
chemische
Beizmittel

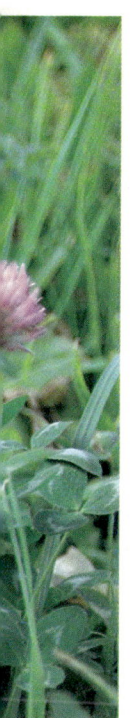

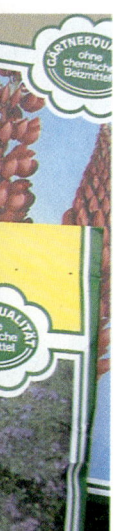

zeitig als Kalkdünger. Nur bei nachgewiesenem Phosphormangel sollte man 50 bis maximal 100 g pro qm einsetzen.

Kalireiche Dünger

Hier tun sich die Hersteller von organischen Düngermitteln ein wenig schwer, denn von den organischen Düngern aus tierischen Grundstoffen enthält nur Stallmist Kali in ausreichender Menge. Im Handel werden meist Kalisalze "aus dem Meer" als spezieller Kalidünger angeboten. Sie gehören jedoch in die Gruppe der Dünger aus pflanzlichen Rohstoffen.

Mit Produkten aus diesen drei Gruppen organischen Düngers können Sie den größten Hunger Ihrer Pflanzen stillen, zumindest was die Hauptnährstoffe betrifft. Sie können jeden einzeln kaufen (viele Produkte enthalten auch zusätzliche Spurenelemente). Häufig werden jedoch die verschiedenen drei "Großen" miteinander kombiniert und dann als organischer Volldünger bzw. Universaldünger angeboten. Aus den drei Hauptnährstoffträgern, angerei-

chert mit Spurenelementen und zum Teil auch humusbildenden Substanzen, mischt die Düngemittelindustrie Kraftcocktails für fast jeden Zweck. Es gibt sogar Mischungen, die auf die speziellen Bedürfnisse ganz bestimmter Pflanzen abgestimmt sind: Rosendünger etwa, Rhododendrendünger, Koniferndünger und Erdbeerdünger. Wenn Sie die Düngeanleitung genau befolgen, kann wirklich nichts schiefgehen!

Stallmist

Seit Jahrtausenden ist die düngende Eigenschaft von Mist und Gülle bekannt. Mist ist der Kot, Gülle der Urin der Tiere, vermischt mit Stroh, Häcksel, Streu etc. Falls Sie an

echten Mist kommen, was ohnehin nicht mehr so einfach ist, freuen Sie sich. Aber seien Sie vorsichtig. Geben Sie den Mist nie gleich ins Blumenbeet oder in irgend ein anderes Beet. In jedem Fall ist es besser, ihn erst mal auf dem Komposthaufen abzuladen. Kompostiert düngt er milder und kann kein Unheil im Garten anrichten. Mistkompost muß immer gesondert aufgesetzt werden, lagenweise mit frischer Erde und/oder Tonmehl.

Es gibt Rindermist, Pferdemist, Schweinemist, Geflügelmist und schließlich Schafsmist bzw. Ziegen- und Kaninchenmist. Alle Mistarten enthalten die Nährstoffe in recht unterschiedlicher Zusammensetzung. Besonders wichtig sind neben den Hauptnährstoffen Stickstoff, Phosphor, Kali, Kalzium vor allem die Spurenelemente, die in allen Mistsorten reichlich enthalten sind.

Rindermist
ist, sofern er frisch und strohhaltig ist, ein ausgewogener Dünger, der alle wichtigen Nährstoffe enthält. Leider ist er in dieser ursprünglichen Form kaum mehr erhältlich, da die meisten Kuhställe heute nur noch ausgeschwemmt werden.

Pferdemist
ist nährstoffreich wie Rindermist, reagiert aber sehr hitzig im Boden. Gut für das Frühbeet.

Schweinemist
gilt als kalter Mist, ist reich an Stickstoff und Kali, riecht aber äußerst unangenehm.

Schaf-, Ziegen- und Kaninchenmist
reagieren ebenfalls hitzig, sind stark stickstoffhaltig.

Geflügelmist
ist reich an Stickstoff, Kali, Phosphor und Kalzium. Besonders hitzig.

Rindermist (California Rinderdung) und Geflügelmist (Guano) gibt es getrocknet im Handel zu kaufen. Rinderdung ist besonders reich an Kali, der in den meisten anderen organischen Düngern nur spärlich vorhanden ist. Die getrockneten Sorten kann man zur Not auch ohne den Umweg über den Kompost

Stallmist ist nach wie vor ein ausgezeichnetes Düngemittel. Sicherheitshalber sollten Sie frischen Rinder- und Pferdemist (unten) aber erst kompostieren. Frischer Mist wirkt zu intensiv.

verwenden, aber besser und milder wirken auch sie nach entsprechender Wartezeit. Häufigster Düngefehler ist immer "zu viel". Nicht alle Pflanzen haben den gleichen Appetit. Man teilt sie ein in Starkzehrer, Mittelzehrer und Schwachzehrer.

Dünger aus Pflanzen

Pflanzendünger setzt man hauptsächlich in Form von Kräuterjauche und von Algenpräparaten ein. Gelegentlich verwendet werden außerdem auch die Rückstände von Rizinus, Trauben und Raps als stickstoffreiche Dünger.

Pflanzenjauchen

Keiner weiß so recht warum, aber Pflanzenjauchen wirken immer dann Wunder, wenn die Pflanzen trotz bester Voraussetzungen einfach nicht recht wachsen wollen. Mit geradezu unglaublicher Schnelligkeit machen sie Pflanzen stark, gesund und resistent gegen Schädlinge. Of-

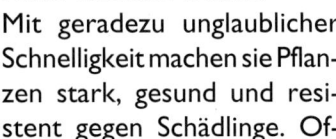

Stark- und schwachzehrende Pflanzen

Starkzehrer	Mittelzehrer	Schwachzehrer
Kartoffeln	Erbsen	Petersilie
Kohl	Bohnen	Kresse
Rharbarber	Salat	Radieschen
Erdbeeren	Mangold	Azaleen
Obstbäume	Fenchel	Primeln
Sonnenblumen	Rettich	Begonien
Geranien	Zwiebeln	Rhododendren
Chrysanthemen	Paprika	Petunien
Tomaten	Gurken	Stiefmütterchen
Kürbis	Spinat	
Mais	Zucchini	
Auberginen	Gloxinien	
Sellerie	Rosen	
	Dahlien	
	Rote Bete	

84

fenbar gehen durch den Übergang der Nährstoffe von Brennessel, Schachtelhalm und Co. auch viele von dieser Pflanze gebildete Schutzstoffe in die Pflanze über. Pflanzenjauche, in der die Nährstoffe allerfeinst verteilt und stark verdünnt angebracht werden, ist der beste Beweis dafür, daß beim Düngen die Parole "viel hilft viel" fast in jedem Fall falsch ist.

Damit diese Flüssigjauchen nicht nur schnell, sondern auch dauerhaft wirken, müssen sie relativ häufig angewendtwerden. Am besten etwa jede Woche, als I-Tüpfelchen. So geht's:

• Stellen Sie ein 30-50 l Faß aus Kunststoff (der aber keinen Chlor enthalten darf – die abgespaltenen Chlor-Ionen sind nämlich schädlich für die Jauche), Ton oder Holz, an einem schattigen Platz auf.
•Füllen Sie das Faß reichlich mit frischen Brennesseln, die möglichst noch nicht blühen. (Wenn sie blühen, sind sie nicht mehr so wirksam).
• Füllen Sie nun das Faß mit Wasser bis an den Rand auf und legen ein Drahtnetz oder

ein Gitter darüber, damit keine Tiere in der Jauche ertrinken. Einen Deckel sollten Sie erst dann auf das Faß geben, wenn der Gärungsprozeß abgeschlossen ist.
• Rühren Sie jeden Tag einmal kräftig um, damit möglichst viel Luft an die Brühe kommt, am besten mit einem Holzstock. Nach ein paar Tagen beginnt der Inhalt des Fasses zu schäumen, und ein unangenehmer Jauchegeruch entwickelt sich – der Fäulnisprozeß hat begonnen. 10-14 Tage später ist die Jauche fertig. Die Blätter haben sich zersetzt, nur noch die Stiele sind zu erkennen.
• Diese fischen Sie mit einer Mistgabel heraus und werfen sie auf den Kompost.

Anwendung
Je zwei Liter werden durch ein Sieb gegossen, in die Gießkanne geschüttet und mit 8 l Wasser aufgefüllt. Das reicht für 2-3 qm Beet. Gießen Sie immer auf die Erde, nie auf die Pflanzen. Für Pflanzengüsse muß die Jauche noch einmal verdünnt werden, und zwar im Verhältnis 1 : 9 (ein Liter Jauche auf 9 Liter Wasser). Gießen Sie morgens oder

85

Ein ausgezeichnetes Düngemittel sind Pflanzenjauchen aus Brennesseln (oben) oder Schachtelhalm. Noch wirkungsvoller wird die Mischung, wenn Sie eine Handvoll frische Kräuter wie Thymian (rechts) oder Lavendel (großes Foto) hinzufügen.

87

abends. Schon nach 2-3 Güssen merkt man den Pflanzen an, wie gut ihnen das tut.

Das ist die Grundmischung, sozusagen die Hausmannskost. Nun noch ein paar Varianten der Extraklasse:

Verbesserte Jauchen
Wenn Sie die Brennesseljauche mit dem zerkleinerten Kraut von Zwiebel- und Knoblauchpflanzen (2 Stück auf 50 l und einigen Heilpflanzen (Thymian, Lavendel und Rosmarin) anreichern, erhalten Sie ein besonders wirksames "Elixier". Die ätherischen Öle der Heilpflanzen verbessern wesentlich die heilende und schützende Wirkung.

Produkte aus Meeresalgen

Seit einigen Jahren wird versucht, auch aus Pflanzenrückständen preiswerte Düngemittel zu gewinnen, zum Beispiel aus Sonnenblumen, Erdnüssen, Trauben und Raps. Sehr aktuell sind verschiedene Produkte aus Meeresalgen, die sich zunehmender Beliebtheit erfreuen. Dieser Pflanzendünger wird in der Hauptsache aus Braunalgen gewonnen, die massenhaft in der Nordsee und im Atlantik vorkommen. Sie werden aus den Algenfeldern geerntet, anschließend getrocknet und gemahlen. Gelegentlich werden sie auch für Flüssigextrakte feucht ausgepreßt. Je schonender die Bearbeitung, desto besser die Wirkung. Sie enthalten viel Kalk, Magnesium und jede Menge Spurenelemente, und außerdem Proteine, Zucker und Aminosäu-

> **TIP**
> *Geben Sie an die Jauche eine Handvoll Guano, Blutmehl, feinstes Knochenmehl, Komposterde oder auch einen einfachen Gartendünger aus der Tüte. Das wirkt als Startfutter und beschleunigt den Verjauchungsprozeß.*

ren. Über die Wirkung werden wahre Wunderdinge berichtet – sie sind, heißt es, so nützlich wie Pflanzenjauche bester Qualität.
Manche Volldünger aus der Industrie werden schon mit Meeresalgenzusätzen angereichert.

TIP
Wenn die Jauche unangenehm zu riechen beginnt, sollten Sie jeden Tag ein bis zwei Handvoll Gesteinsmehl einrühren. Das bindet den Geruch und führt außerdem noch wichtige Mineralien zu.

EIN PAAR PRAKTISCHE DÜNGETIPS

Rosen

Rosen sind in Ihrem Garten die Schwerarbeiter. Sie blühen ausschließlich der Wirkung wegen, so lange wie möglich und so oft wie möglich. Das macht Hunger und Durst! Düngen Sie sie mehrmals im Jahr, aber niemals nach Mitte Juli. Sonst hören

sie nämlich mit dem Blühen überhaupt nicht mehr auf, und können nicht genügend Kraft für das nächste Jahr sammeln. Der ideale Rosendünger ist echter, gut verrotteter Rindermist. Wenn Sie den nicht bekommen können, sollten Sie getrockneten Rinderdung oder Guano-Dünger verwenden. Ihre Rosen werden es Ihnen danken.

Tomaten

Tomaten gedeihen am besten auf einem Boden, den sie schon kennen, am liebsten auf dem vom letzten Jahr – und das jahrelang! Sie können ihnen, zusammen mit Nährstoffen, ein zusätzliches Heimatgefühl verschaffen, wenn Sie die im Herbst abgeräumten Tomatenstauden gesondert kompostieren und diesen Kompost – es muß gar nicht viel sein – in der nächsten Saison auf das Tomatenbeet geben. Reichlich Stickstoffdünger zusätzlich läßt sie oft bis in den Herbst hinein Früchte tragen.

Balkonblumen

Daß Geranien Kaffeesatz lieben, hat sich mittlerweile herumgesprochen. Aber die üp-

pig blühenden Blumenkästen vor süddeutschen Bauernhäusern sind nicht nur dem Kaffeesatz zu verdanken, sondern vor allem der – selbstverständlich verdünnten – Jauche aus Hühnermist, zu der die Bäuerinnen dort noch reichlich Zugang haben. Wenn Sie keinen Hühnermist auftreiben können, probieren Sie es doch einmal mit verjauchtem Guano!

Übrigens: auch Balkonpflanzen können "blutarm" sein! Wenn Geranien in einer ausrangierten Kaffeedose wunderschön blühen, kann das daran liegen, daß ihnen der Rost in der Dose so gut bekommt, schließlich enthält er Eisen! Rost wirkt zwar nicht so schnell wie die Handelsdünger, aber Geranien und andere eisenhungrige Pflanzen freuen sich sehr über einen eisenhaltigen Drink.

So geht's: Lassen Sie einen Eimer voll Wasser in der Sonne stehen und werfen Sie Nägel, Drahtreste, kaputtes Werkzeug und andere eisenhaltige Abfälle hinein.

Sorgen Sie dafür, daß sie immer mit Wasser bedeckt sind. Beim Gießen geben Sie dann immer etwas Rostwasser in Ihre Kanne: Das Mengenverhältnis sollte etwa 1/4 Tasse auf vier Liter Wasser sein.

Auberginen und Paprika

Auberginen und Paprika wachsen besonders gut in schwefelhaltiger Vulkanerde. Wenn Ihr Garten eine weniger dramatische Vergangenheit hat, können Sie trotzdem prachtvolle Auberginen und Paprikas heranziehen, indem Sie um jede Pflanze sechs Streichhölzer mit dem Kopf nach unten in die Erde stecken!

REGISTER

91